小さなごちそうタルト、おやつのタルト

Savory & Sweet Tiny Tarts

若山曜子

日本文芸社

小さなタルトのおはなし

セイボリータルト。耳慣れない言葉ですが、英語で「甘くないタルト」の意味。
シーフードや野菜、お肉などを使ったお食事用のタルトです。
最近日本でも買えるようになりましたが
そのなかで最も一般的なのは「キッシュ」でしょうか。
フランスでは、こうしたタルト（タルトサレ）は「トレトゥール」と呼ばれる
お総菜として、とてもポピュラーな存在。
ホームパーティなどで出されることも多く、ケーキ屋さんでもよく売られています。

「トレトゥール」に必要なのは、時間をおいても、
味も見た目もあまり変わらないよう美しく作る技術。
華やかでおいしい「トレトゥール」が並ぶ人気店にケーキ屋さんが多いのは、
できたてをすぐに食べてもらうシェフよりも
パティシエが得意とする分野だからなのかもしれません。

この本のルール

- 1ml＝1cc
- 大さじ1＝15ml、小さじ1＝5ml
- 1カップ＝200ml

- 電子レンジの加熱時間は600Wを目安にしています。500Wなら1.2～1.3倍の時間で利用してください。
- オーブン使用の場合、基本的に電気でもガスでも本書のレシピ通りに焼いてください。ただし、メーカーによって火力が違うので、様子を見ながら温度は5℃前後、時間は5分前後で調整してください。
- 卵はMサイズを使用しています。
- 生クリームは脂肪分が35％のものを使用しています。
- バターはすべて食塩不使用のものを使用しています。

生地をのばして、型に敷き込んで焼く、その作業はセイボリーもスイーツも同じ。
しっかり焼いた香ばしいタルトは、スイーツもまたおいしいものです。
季節折々の果物を入れて焼き上げれば、凝縮した果汁の旨みを丸ごといただけますし
繊細なクリームやムースを入れれば、
サクッとした食感をプラスするおいしいお皿になります。
スイーツ用の生地自体は、甘さ控えめなクッキーといった感じなので
クリームをサンドしたりするだけでもかわいらしいお菓子に変身してくれます。

本書では、タルト作りを身近に感じてもらえるよう大きさを手のひらサイズにしています。
大きな生地を扱うより、のばす最中に破れたり、もたもたしているうちに
ダレたりというトラブルが少なくなりますし、
上にのせる味をひとつひとつ色々変える楽しみもできます。
なんといっても鮮やかなフルーツや野菜を切ってのせるだけでも
十分かわいくなるのが嬉しい。

同じ作業を繰り返して、何個か作っているうちにコツも覚えられますから
上達もしやすいかもしれません。
覚えてしまえば、お持たせやパーティにとても重宝する存在になると思います。
基本の敷き方とクリームさえ知ってしまえば、あとはセイボリーもスイーツも自由自在。
かわいいタルトの世界が広がります。

contents

002 小さなタルトのおはなし

Savory Tarts

010 セイボリータルトの方程式
012 オイル生地
014 バター生地
015 春巻きの皮
026 豆腐クリーム
038 ポテトクリーム
050 フムスクリーム
064 サワーホイップクリーム
076 キッシュソース

016
No Cream

トマトと
モッツアレラチーズ

018
No Cream

クリームチーズと
かぼちゃ

020
No Cream

ピサラディエール

022
No Cream

ほうれん草とかきの
グラタン

024
No Cream

パテ・ド・カンパーニュ風
ミートパイ

027
Tofu Cream

ツナとオリーブ、バジル

028
Tofu Cream

枝豆とアボカド、ミント

030
Tofu Cream

ミモザサラダ

032
Tofu Cream

彩りロースト野菜

034
Tofu Cream

季節のスチーム野菜

039
Potato Cream

えびのパン粉焼き

040

Potato Cream

オリーブオイル漬け
サーディンとトマト

042

Potato Cream

カマンベールと
りんご、はちみつ

044

Potato Cream

ソーセージと
マッシュルーム

046

Potato Cream

ポムアンナ

048

Potato Cream

ステーキとクレソン、
ラディッシュ

051

Hummus Cream

キャロットラペ

052

Hummus Cream

ひき肉のチリ炒め、
トマトサルサ

054

Hummus Cream

揚げなすとミント

056

Hummus Cream

パプリカのマリネと
クリームチーズ

058

Hummus Cream

きゅうりとチキンの
ヨーグルトサラダ

060

Hummus Cream

マンゴーと
紫キャベツ

065

Sour & Whipped Cream

きゅうりとかぶ、
スモークサーモン

066

Sour & Whipped Cream

生ハムといちじく、
焼きパルミジャーノ

068

Sour & Whipped Cream

たらと粒マスタード、
玉ねぎのグラタン

070

Sour & Whipped Cream

かにと焼きトマト

072

Sour & Whipped Cream

ひじきとキヌア、
カラフル野菜のマリネ

074

Sour & Whipped Cream

鶏もも肉と
柚子こしょうクリーム

077

Quiche Sauce

ゴルゴンゾーラと
さつまいも

078

Quiche Sauce

グリーンアスパラガスと
うずら卵

080

Quiche Sauce

ベーコンとトマト、
アボカド

082

Quiche Sauce

サーモンと
ズッキーニのバラ

Sweet Tarts

- 088　スイーツタルトの方程式
- 090　サブレ生地
- 091　市販のクッキー生地
　　　 冷凍パイシート
- 092　クラフティソース
- 098　エッグタルトソース
- 100　チーズクリーム
- 106　アーモンドクリーム
- 110　3種のクリーム

093

Crafty Sauce

チェリークラフティ

094

Crafty Sauce

桃とラズベリーの
クラフティ

094

Crafty Sauce

パイナップルとグレープフルーツの
ココナッツクラフティ

099

Egg Tart Sauce

エッグタルト

101

Cheese Cream

プレーンチーズ

102

Cheese Cream

ブルーベリーチーズ
ベリーベリーチーズ

104

Cheese Cream

杏とバナナの
キャラメルチーズ

107

Almond Cream

紅いりんごのばら

108

Almond Cream

栗と珈琲のクランブル

108

Almond Cream

マンゴーとオレンジ

112

Chocolate Cream

オレンジマーマレード
ラムレーズン

113

White Chocolate Cream

抹茶風味
フルーツトッピング

113

Lemon Cream

クリームフィリング
メレンゲ

116　基本の道具
117　基本の材料

036　型のおはなし
062　ラッピングのおはなし
084　作りおきのおはなし
096　パフェのおはなし
118　タルトをじょうずに作る
　　　コツのおはなし

セイボリータルト
Savory Tarts

セイボリータルトの
方程式

　本書のタルトは考え方がとってもシンプル。タルト生地とベースのクリームを選んだらトッピングをかえていくだけ。たとえばオイル生地に豆腐クリームなら5パターンものアレンジが可能です。

　セイボリータルトの生地は、混ぜるだけで簡単にできる「オイル生地」と、作りおきできる「バター生地」の2種をご紹介します。

　さらに「パートフィロ」というクレープ状の薄い生地で作るタルトを「春巻きの皮」におきかえるアイディアも。これなら、タルト台を作る必要もない気軽さです。

　混ぜるだけでできるクリームに、フレッシュな野菜や缶詰の具材をあしらうだけで完成するチャレンジしやすいレシピも満載。そのほか、クリームなしのおいしい焼きっぱなしタルトも紹介しています。

　一度レシピ通りに作ってみて味を確認したら、あとは、生地とクリームとトッピングの組み合わせを自分好みにかえる楽しみも。ホームパーティなどで、バラエティ豊かな、そしてオリジナルの提案ができて、喜ばれること間違いなしです。

Savory Tarts

生地はオイル、バター、春巻きの皮の3種。中に詰めるクリームは混ぜるだけでできる5種。生地とクリームの組み合わせは自由自在です。

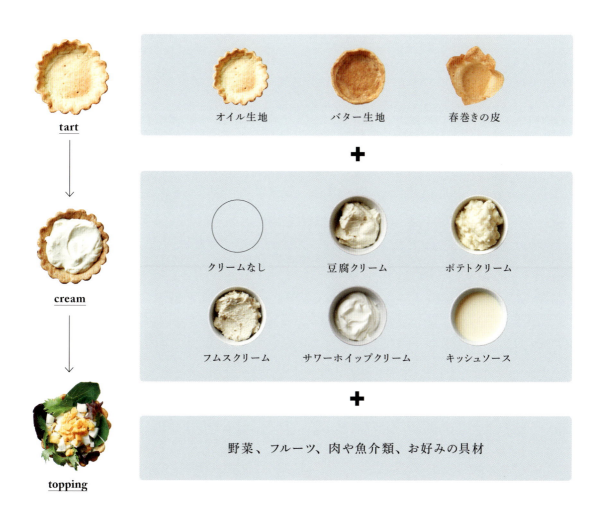

Oil Tart Dough
オイル生地

思い立ったらすぐに作れるうえに、長時間休ませる必要もありません。扱いやすい生地で失敗知らず！あっさりした味わいと、歯ごたえのあるクラッカーのような食感も魅力です。

材料

(セルクル／タルト型／舟型　約5個分
長方形型　2個分)

A｜薄力粉…50g
　｜強力粉…50g
　｜塩…小さじ1/4
　｜ベーキングパウダー
　｜　…小さじ1/4 (1.5g)

オリーブオイル…大さじ2
水…25ml

※Aをふるっておく。

[使用しているタルト型]

直径8cmのセルクル
（タルトリング）

口径9cmのタルト型

長径9cmの舟型

縦8×横13cmの長方形型

2. 指先で粉類と水分をすり合わせながら、そぼろ状にする。

3. 2に水を加えて手で混ぜながらひとまとめにする。ボウルについた粉をときどき拭き取るようにするとよい。

1. ボウルにAを入れ、はしで混ぜ合わせる。オリーブオイルを加えて、大きなかたまりがいくつかできるまでさらに混ぜる。

4. 3の生地を4分割し、めん棒で型よりひとまわり大きいサイズにのばす（クミンやごま入りを作るときはこのとき散らしてのばす）。

5. 生地をめん棒にかけて型にかぶせる。

8. 生地が型の口から2〜3mm上までくるように、生地を縁に押しつける。

11. 生地の上にオーブンシートを敷き、おもしをのせる（おもしがなければ米やあずきでもよい）。

6. 生地を少したるませながら余裕をもたせて型に敷いたら、縁にしっかり密着させていく。

9. セルクルの場合のみ、型から上に出した生地を気持ち内側に寄せる。こうすると、焼き上がった生地を抜くときに、セルクルの継ぎ目にひっかからない。

12. オーブンシートを敷いた天板にのせ、180℃に予熱したオーブンで10分焼き、取り出す。上のシートとおもしを除き、底に溶き卵（分量外）をはけで塗り、さらに5分焼く。

7. 型の上からめん棒を転がし、余分な生地を切り落とす。切り落とした生地を集めて、もう1個型に敷く（**4〜7**）。

10. フォークでピケ（穴あけ）する。ここで冷凍庫に入れて10分以上休ませると形がきれいに仕上がる。このまま保存袋に入れて約1週間冷凍保存できる。

13. 型からはずし、ケーキクーラーの上で冷ます。このように具材を入れずに焼くことを「空焼き」という。

Butter Tart Dough
バター生地

ホロホロとした食感が魅力。
バターが入ってリッチな味わいなので
食べごたえがあります。冷凍庫で
生地の状態で約3週間保存できます。

材料

(セルクル／タルト型／舟型　約10個分
長方形型　約4個分)

A 薄力粉 … 150g
　　強力粉 … 50g
　　塩 … 2つまみ

バター … 90g
※1cmの角切りにして冷蔵庫で冷やしておく。

溶き卵 … 1個分

水 … 小さじ2

※**A**をふるっておく。

1. ボウルに**A**を入れ泡立て器でさっと混ぜたら、バターを加え、スケッパーでバターと粉を切り混ぜていく。

2. 指先でバターと粉をすり混ぜるようにしてそぼろ状にする。

3. 溶き卵を加え、手で混ぜながらひとまとめにする。水けが足りないようなら、水を少しずつ加えながらまとめるとよい。

4. スケッパーで2分割し、それぞれラップにくるみ、手で押しながら厚さ1cm程度の円形に整える。冷蔵庫で2時間以上休ませる。

5. タルトを5個以上作らない場合は、片方の生地を保存袋などに入れて冷凍保存しておくとよい。約3週間保存できる。

6. 5の生地を4分割し、めん棒で型よりひとまわり大きいサイズにのばす。型に敷き、オーブンシートとおもしをのせる(P.12～13　**4～11**)。

7. オーブンシートを敷いた天板にのせ、180℃に予熱したオーブンで10分焼き、取り出す。おもしと上のシートを除き、底に溶き卵(分量外)をはけで塗り、さらに5分焼く。

8. 型からはずしてケーキクーラーの上で冷ます。このように具材を入れずに焼くことを「空焼き」という。

[余った生地はクラッカーに]

生地が余ったら、のばして好きな形に包丁などで切り、タルトといっしょに焼いてもよい。クラッカーとして楽しめる。

Spring Roll Wrapper
春巻きの皮

とうもろこしの粉と小麦粉で作られたパリパリと紙のように薄い生地「パートフィロ」。ここではかわりに、食感の似た春巻きの皮を使って。

1. 15×15cmの春巻きの皮の表と裏全面に、溶かしバター約小さじ1程度をはけで塗る。

2. 1をタルト型にひだをよせながら敷く。

3. オーブンシートを2の上に敷き、おもしをのせ、180℃に予熱したオーブンで10分焼き、取り出す。上のシートとおもしを除き、さらに5分焼き、型からはずしてケーキクーラーの上で冷ます(P.13 11～13※溶き卵は塗らない)。

※水けのある具材をのせると、しんなりしてしまうのでホームパーティなどでは皮だけ焼いておき、食べる直前に具材を詰めるとよい。

トマトとモッツァレラチーズ
Tomato & Mozzarella

トマトとチーズがとろける香ばしいタルト。
おみやげにするときはオーブントースターで温めなおしてください。

材料（直径8cmのセルクル5個分）

オイル生地の空焼きタルト（P.12）
　…5個
トマト…大1個（380g）
モッツァレラチーズ…150g
バジルペースト
A バジル…10g
　にんにく…1片
　松の実…小さじ1
　パルミジャーノチーズ（粉）…小さじ1
　オリーブオイル…大さじ4
　塩…小さじ1/4

作り方

1　オーブンを180℃に予熱する。ミキサーやすり鉢にAを入れてかくはんし、バジルペーストを作る。トマトは種を取り（種を取らないと全体が水っぽくなるので注意）、モッツァレラチーズとともに10枚の輪切りにする。

2　各タルトに1のモッツァレラチーズ、トマト、バジルペースト小さじ1/2、トマト、モッツァレラチーズ、バジルペースト小さじ1/2の順に重ね入れる。

3　2を予熱したオーブンでチーズがとけるまで10〜15分焼く。

Memo
バジルペーストをミキサーで作る場合は、倍量作ったほうがかくはんしやすいです。またペーストを多めに作って冷凍しておくと、タルトをより気軽に作ることができ、パスタジェノベーゼなども楽しむことができて便利です。

クリームチーズとかぼちゃ
Cream Cheese & Pumpkin

メープルシロップとベーコンを組み合わせた、
甘じょっぱさが魅力のタルトです。ほっくりしたかぼちゃと
クリームチーズから生まれる、まろやかさとコクを味わって。
仕上げにたっぷり、粗びき黒こしょうをひくとお酒に合う味に。

材料（直径8cmのセルクル5個分）

オイル生地の空焼きタルト (P.12)
　…5個
クリームチーズ … 100g
かぼちゃ … 150g
ベーコン … 50g
メープルシロップ … 約大さじ2
ローズマリー … 2枝
塩 … 適量
粗びき黒こしょう … 好みで適量

作り方

1　オーブンを170℃に予熱する。かぼちゃはかるく洗ってラップをし、約2分電子レンジで加熱したら、5mm厚さのひと口大に切る。ベーコンは短冊切りにする。

2　各タルトにクリームチーズと**1**のかぼちゃとベーコンを1/5量ずつのせ、メープルシロップも1/5量ずつまわしかけ、塩少々をふる。ローズマリーを適量散らす。

3　**2**を予熱したオーブンで15分焼く。好みで粗びき黒こしょうをふる。

Oil Tart Dough

ピサラディエール
Pissaladière

フランス、ニースの郷土料理「ピサラディエール」をアレンジした、玉ねぎの甘みを堪能するシンプルなタルト。空焼き前のタルト生地に炒め玉ねぎをのせ、じっくり焼き込みます。ワインのすすむ味です。

材料（長径9cmの舟型5個分）

オイル生地を型に敷き込んだもの
　（P.12〜13 **1**〜**10**）… 5個
玉ねぎ … 2と1/2個（500g）
オリーブオイル … 大さじ2と1/2
アンチョビフィレ … 3枚
ブラックオリーブ … 5粒
タイム … 5〜10枝
塩 … 少々

作り方

1　玉ねぎは薄切りにし、オリーブオイルを熱したフライパンに入れて塩をふり、中火で薄い茶色に色づくまで炒める。オーブンを170℃に予熱する。

2　ブラックオリーブは粗く刻み、アンチョビフィレは手で適当な大きさにちぎる。

3　各型に、**1**の炒め玉ねぎと**2**のブラックオリーブ、アンチョビフィレを1/5量ずつ入れ、タイムを1〜2枝のせる。

4　**3**を予熱したオーブンで20分焼く。

ほうれん草とかきのグラタン
Spinach & Oyster Gratin

おいしく食べられるタルトの器にかきのグラタンを入れた、ぜいたくなごちそうタルト。
おもてなしのシーンにぴったり。
トッピングのグラタンは、フライパンひとつで気軽に作れるレシピです。

材料 （直径8cmのセルクル5個分）

オイル生地の空焼きタルト（P.12）
　…5個
かき（加熱用）…10個（160g）
ほうれん草…20g
玉ねぎ…1/4個（50g）
オリーブオイル…大さじ2と1/2
薄力粉…大さじ1と2/3
A｜生クリーム…50mℓ
　｜白ワイン…大さじ2/3
塩、黒こしょう…各少々
パルミジャーノチーズ（粉）…小さじ2
パン粉…適量

作り方

1　オーブンを200℃に予熱する。ほうれん草は塩少々（分量外）を入れた熱湯で約30秒ゆで、水けをきり3cm長さに切る。玉ねぎは薄切りにする。

2　フライパンにオリーブオイルをひき、中火で1の玉ねぎをさっと炒める。ほうれん草とかきを加え、かるく火を通したら薄力粉をまわし入れる。

3　2にAを入れて煮詰め、塩、黒こしょう、パルミジャーノチーズをふり入れて味を調える。

4　各タルトに3を1/5量ずつ入れ、パン粉少々をふる。

5　予熱したオーブンで5〜10分、パン粉に焼き色がつくまで焼く。

パテ・ド・カンパーニュ風ミートパイ
Pâté de campagne

豚ひき肉と鶏レバー、ドライフルーツをミックスしたパテ・ド・カンパーニュ風のミートパイです。
かぶせる生地は、肉汁があふれないように余裕をもたせて、ふんわりかぶせてください。
レバーが苦手な方は豚ひき肉を増やしてもいいでしょう。

材料（直径8cmのセルクル4個分）

バター生地を型に敷き込んだもの
　（P.14 1〜6※シートとおもしはのせない）… 4個
バター生地（P.14 6※型には敷かない）
　… 4個分
豚ひき肉 … 150g
鶏レバー … 50g
玉ねぎ … 約1/7個（30g）
にんにく … 1/2片
トマト … 1/7個（30g）
ドライいちじく（またはドライプルーン） … 30g
ブランデー … 大さじ2
オリーブオイル … 少々
溶き卵 … 50g
A 塩、黒こしょう、ナツメグ … 各少々
タイム（粉）… 好みで少々

作り方

1　ドライいちじくはさっと湯に通し、ブランデー大さじ1につける。トマトはみじん切りにする。

2　鶏レバーは筋を取る。ボウルにたっぷりの水をはり鶏レバーを入れて30分以上浸して血抜きをする。

3　玉ねぎは粗みじん切りに、にんにくはみじん切りにする。

4　フライパンにオリーブオイルをひいて中火にかけて**3**を入れ、香りが立ってきたら**2**を加えて表面を焼きつける。最後にブランデー大さじ1をまわし入れて火を止め、バットに移して粗熱をとる。オーブンを180℃に予熱する。

5　ボウルに豚ひき肉と**A**、溶き卵20gを入れて練る。**1**のトマトと水けをきったドライいちじく、**4**を加えてさらに混ぜ、好みでタイムを加える。

6　各型に**5**を1/4量ずつ入れる。バター生地を具材の上にかぶせる（**a**）。型に敷いた生地の型からはみ出している部分を持ち上げて、上の生地の縁を隠すようにかぶせていく（**b**）。

7　**6**の表面に残りの溶き卵を塗り、フォークで空気穴をあける。予熱したオーブンで20分焼く。

a

b

[豆腐クリーム]
Tofu Cream

オリーブオイルでコクを出したクリームは、
豆腐をベースにしているとは思えない濃厚なクリームです。
マスタードとにんにくで、豆腐のくせをやわらげました。
おいしく作るポイントは、しっかり水きりすること。

材料（タルト5個分）

豆腐（木綿）… 150g
塩 … 小さじ1/4
マスタード … 小さじ2
オリーブオイル … 大さじ2
にんにくのすりおろし … 小さじ1/4

作り方

1　豆腐はキッチンペーパーに包み、皿などのおもしをのせて約30分おき、かるく水きりをしておく。

2　1と残りの材料を合わせてミキサーまたはフードプロセッサーでペースト状にする。

※冷蔵庫で2日間保存できます。

ツナとオリーブ、バジル
Tuna, Olive & Basil

Oil Tart Dough + Tofu Cream

火を使うことなく、切って並べるだけで、お酒のおともにぴったりのタルトができあがります。好みで松の実を散らして香ばしさをプラスしても。

材料（長径9cmの舟型5個分）

オイル生地の空焼きタルト（P.12）
　…5個
豆腐クリーム（P.26）… 全量
ツナ（オイルタイプ）… 小1缶
オリーブ（ブラック・グリーン）
　…15〜20個
※できれば種つきのものを使うとおいしい。
バジル… 5枚

作り方

1　ツナは油をきり、オリーブは薄い輪切りに、または粗く刻む。

2　各タルトに豆腐クリームを8分目までのせて平らにならし、1を1/5量ずつ盛る。ちぎったバジルを散らす。

枝豆とアボカド、ミント
Edamame, Avocado & Mint

豆類にクリーミィなアボカドを組み合わせるのがお気に入り。
また豆腐には、もちろん歯ごたえのある豆がよく合います。
最後にミントを散らすことで、清涼感を加えました。

材料（直径8cmのセルクル5個分）

オイル生地にクミンを入れた
　空焼きタルト（P.12）… 5個
※P.12-4でクミン小さじ1/2を散らしてのばす。あとはプロセスにしたがって作る。
豆腐クリーム（P.26）… 全量
枝豆 … 約5g
アボカド … 1/2個
ミントの葉 … 25枚
松の実 … 20粒
オリーブオイル … 少々

作り方

1　枝豆は塩もみをして10分ほどおき、2〜3分塩ゆでし、水にとって皮と薄皮をむく。

2　アボカドは7mm厚さのいちょう切りにして、オリーブオイルであえる。

3　各タルトに豆腐クリームを8分目までのせて平らにならし、**1**と**2**を1/5量ずつ盛る。ミントを適当な大きさにちぎり、松の実とともに散らす。

ミモザサラダ
Mimosa Salad

ゆでたまごひとつあれば、かわいいタルトのできあがりです。
豆腐クリームとゆでたまごを合わせると
マヨネーズのようなコクが生まれ、ボリューム満点。

材料 （口径9cmのタルト型5個分）

オイル生地の空焼きタルト (P.12) … 5個
豆腐クリーム (P.26) … 全量
ゆでたまご … 3個
ベビーリーフ … 適量

作り方

1 ゆでたまごは白身と黄身に分け、粗く刻む。

2 各タルトに豆腐クリームを8分目までのせて平らにならし、周囲にベビーリーフをのせる。

3 2の中心に1を1/5量ずつのせる。

彩りロースト野菜
Colorful Roasted Vegetables

ローストして水分をほどよく飛ばし、
甘みを凝縮させた野菜を楽しむタルトです。
ハーブは2種類くらい組み合わせて使うと、奥行きのある味わいに。

材料（直径8cmのセルクル5個分）

オイル生地の空焼きタルト（P.12）… 5個
豆腐クリーム（P.26）… 全量
ミニトマト … 5個（100g）
赤玉ねぎ、かぼちゃ、なす、
　パプリカ（赤・黄）、れんこん … 合わせて300g
バジル、ローズマリー、イタリアンパセリなど
　… 合わせてひとつかみ
ベーコン … 40g
砂糖 … ひとつまみ
塩 … ひとつまみ
オリーブオイル … 大さじ1

作り方

1　オーブンを180℃に予熱する。各野菜とベーコンを小さめのひと口大に切り、砂糖と塩をふってまぶし、オリーブオイルをかけてあえる。

2　天板に**1**を並べてハーブを散らし、予熱したオーブンで20分焼き、粗熱をとる。

3　各タルトに豆腐クリームを8分目までのせて平らにならし、**2**を1/5量ずつのせる。

季節のスチーム野菜
Seasonal Steamed Vegetables

好みの蒸し野菜をトッピングするだけ。
1種類の野菜だけでもおいしくいただけます。
グリーンアスパラガスや、さつまいももおすすめです。

材料 （口径9cmのタルト型5個分）

オイル生地の空焼きタルト(P.12) … 5個
豆腐クリーム(P.26) … 全量
ブロッコリー … 80g
カリフラワー … 80g
にんじん … 1/2本(50g)
白すりごま … 好みで適量

作り方

1　ブロッコリーとカリフラワーは小房に分ける。にんじんは皮をむいて3mm厚さの輪切りにする。すべての野菜を蒸気のあがった蒸し器で約10分やわらかくなるまで蒸す。

2　各タルトに豆腐クリームを8分目までのせて平らにならし、**1**を1/5量ずつのせ、好みで白すりごま少々をふる。

tart-tins　型のおはなし

　この本のタルトは、手のひらサイズのセルクル（タルトリング）とタルト型で作っています。セルクルでタルトを焼くのはフランススタイル。底の生地が直接天板に当たるため、しっかり火が通り、香ばしく焼き上がります。また垂直にかっちりとエッジが立ち上がり、見た目もシック。ただ、底がない型は破れたときに、天板に具材やソースが漏れ大惨事になることも。そのためにしっかりと型に沿って敷き込むことが大切。ときどき底を裏返し、チェックしながら作ってみてください。

　もうひとつ使っているのはタルト型。底から少し広がり、縁が波型になっています。上から見るとお花や舟のように見え、これだけでとてもかわいらしいスタイル。底がすぼまっていますから、同じ口径のセルクルより少し容量が少なくなります。型の大きさはあくまで目安。底がきっちりと敷き詰められなかったり、生地が焼き縮んで高さが出ないだけで容量は随分変わりますので、焼き込むタイプのものはあふれないよう、8分目くらいを目安に加減してクリームやソース、具材を入れてください。

　小さな型をたくさん持っていない方には、アルミ箔で作る型もご紹介。少しラフでかわいい感じになるので、まずはここからトライしてみても。

　また、生地をのばしてクッキー型で抜いたものにクリームをはさむ、というスタイルも紹介しています（P.112）。敷き込むよりずっと簡単なのでこちらもおすすめです。

[アルミ箔で作るタルト型]

直径約8cmのセルクル（タルトリング）型を作ります。アルミ箔を25×30cmに切ったら、長い辺を手前から2.5cm幅に折っていき、最後は向こう側の2.5cm幅を手前に折り返します。直径約8cmの円形になるよう両端を合わせてホチキスでとめます。長方形（縦8×横13cm）も同じ手順で折っていきます。

写真上・中央から時計まわりに、直径8cmのセルクル、直径6cmの花形の抜き型、口径9cmのタルト型、縦8×横13cmの長方形型、長径9cmの舟型。

[ポテトクリーム]
Potato Cream

バターを入れずに比較的あっさり仕上げました。
上にのせる具材のうまみをしっかり受け止めるクリームです。
じゃがいもの種類によって水分量が違うので、生クリームの量は
ゆるくなりすぎないように様子を見ながら加減してください。

材料（タルト5個分）

じゃがいも … 1と1/2個（150g）
生クリーム … 70〜80㎖
塩 … 小さじ1/2
黒こしょう … 少々

作り方

1 じゃがいもは水で洗って皮ごとラップに包み、電子レンジで約3分30秒〜4分、竹串がささるまで加熱する。

2 じゃがいもの皮をむき芽を除いてボウルに入れる。熱いうちに生クリームを少しずつ加えながらフォークやマッシャーなどでなめらかなペースト状になるまでつぶす。生クリームの量は様子を見て加減する。

3 塩、黒こしょうを加えて味を調える。

えびのパン粉焼き
Baked Shrimp with Panko

Oil Tart Dough + Potato Cream

ローストしたえびの香ばしさと
甘みを味わってほしいひと品。
ガーリックオイルとえびのうまみを
吸い込んだポテトクリームは絶品です。

材料（口径9cmのタルト型5個分）
オイル生地の空焼きタルト（P.12）…5個
ポテトクリーム（P.38）…全量
えび…10尾
A オリーブオイル…大さじ1
　にんにくのみじん切り…1片分
　赤唐辛子…好みで少々
B パン粉…大さじ1と1/2
　パセリのみじん切り…少々

作り方

1　オーブンを180℃に予熱する。えびは殻をむいて背わたを取り、**A**であえる。

2　各タルトにポテトクリームを8分目までのせて平らにならし、**1**のえびを2尾ずつのせ、混ぜ合わせた**B**を適量散らす。

3　**2**を予熱したオーブンで10分焼く。

オリーブオイル漬けサーディンとトマト
Olive-oil Marinated Sardine & Tomato

いわしとじゃがいものコンビネーションは、言わずと知れた王道のおいしさ。
ここでは缶詰のオイルサーディンを使って、気軽に作れるレシピにしています。
おかずとしてもおつまみとしても楽しめます。

材料（直径8cmのセルクル5個分）

オイル生地の空焼きタルト (P.12) … 5個
ポテトクリーム (P.38) … 全量
オイルサーディン … 150g
トマト … 1個 (200g)
塩 … 適量
タイム … 5枝

作り方

1 オーブンを180℃に予熱する。オイルサーディンはかるくオイルをきっておく。トマトは7mm厚さの輪切りにし、種を取る（種を取らないと仕上がりが水っぽくなってしまうので注意）。

2 各タルトにポテトクリームを8分目までのせて平らにならし、1のトマトとオイルサーディン、タイムを1/5量ずつのせる。オイルサーディンの上に塩少々をふる。

3 2を予熱したオーブンで約10分、オイルサーディンにおいしそうな焼き色がつく程度に焼く。

カマンベールとりんご、はちみつ
Camembert, Apple & Honey

りんごの甘酸っぱさとカマンベールの塩けは本当によく合います。
ローズマリーやくるみを加えて焼くのもおすすめ。
シードルや白ワインのおともにピッタリです。

材料 （口径9cmのタルト型5個分）

オイル生地の空焼きタルト (P.12) … 5個
ポテトクリーム (P.38) … 全量
カマンベール … 150g
りんご（紅玉）… 1/2個 (100g)
はちみつ … 適量

作り方

1 オーブンを180℃に予熱する。りんごとカマンベールを1.5cm角に切る。

2 各タルトにポテトクリームを8分目までのせて平らにならし、**1**のりんごとカマンベールを1/5量ずつ散らす。りんごを中心にはちみつ少々をかける。

3 **2**を予熱したオーブンで10～15分ほど焼く。

ソーセージとマッシュルーム
Sausage & Mushroom

ポテトとソーセージ、マッシュルームはボリュームたっぷり。
子どもたちも大好きな組み合わせ。ソーセージをハムやベーコンにかえてもいいでしょう。
ビールといっしょに楽しむ、おつまみメニューとしても重宝するひと品です。

材 料（直径8cmのセルクル5個分）

オイル生地の空焼きタルト (P.12) … 5個
ポテトクリーム (P.38) … 全量
ソーセージ … 100g
マッシュルーム … 5個
シュレッドチーズ … 大さじ3〜4
オリーブオイル … 少々
粗びき黒こしょう … 好みで適量

作り方

1 オーブンを180℃に予熱する。マッシュルームを2mm厚さの薄切りにしたら、オリーブオイルにからめる。ソーセージは食べやすい大きさに斜め切りにする。

2 各タルトにポテトクリームを8分目までのせて平らにならし、**1**のマッシュルームとソーセージを1/5量ずつのせる。

3 **2**にシュレッドチーズを1/5量ずつ散らし、予熱したオーブンで約10分焼く。好みで粗びき黒こしょうを少々ふる。

ポムアンナ
Pommes Anna

じゃがいもの薄切りを重ねて焼く「ポムアンナ」をイメージ。
クリーミィなじゃがいもと、カリカリに焼き上がったじゃがいも、
2つの食感を楽しんでください。

材料 （直径8cmのセルクル5個分）

オイル生地の空焼きタルト (P.12) … 5個
ポテトクリーム (P.38) … 全量
じゃがいも … 中1個 (100g)
バター … 大さじ2
粒マスタード … 小さじ1
塩 … 適量
パルミジャーノチーズ（粉）… 適量
ナツメグ … 好みで適量

作り方

1 耐熱容器にバターを入れ、ラップをせず電子レンジで約15秒加熱し、溶かしバターを作る。オーブンを190℃に予熱する。

2 じゃがいもを1mm厚さの薄い輪切りにする。

3 各タルトにポテトクリームを8分目までのせて平らにならし、その上に**2**のじゃがいも1/5量ずつをずらしながら並べる。

4 **3**のじゃがいも表面に**1**の溶かしバターと粒マスタードを1/5量ずつ塗り、塩少々をふって、仕上げにパルミジャーノチーズを少量ふる。

5 **4**を予熱したオーブンで、約10〜15分、表面がこんがりする程度に焼く。好みでナツメグ少々をふる。

ステーキとクレソン、ラディッシュ
Steak, Wartercress & Radish

ステーキとマッシュポテトという王道の組み合わせを
タルトに詰め込みました。ステーキの肉汁がしみこんだポテトクリームは
冷めてもおいしい。お肉の焼き加減はお好みで。

材料（直径8cmのセルクル5個分）

オイル生地の空焼きタルト (P.12) … 5個
ポテトクリーム (P.38) … 全量
牛肉（焼肉用）… 100g
塩、黒こしょう … 各少々
にんにく … 1片
ラディッシュ … 2〜3個
クレソン（またはルッコラ）… 5本

作り方

1 オーブンを200℃に予熱する。牛肉はひと口大に切り、塩、黒こしょうをふる。にんにくはみじん切りに、ラディッシュは薄い輪切りにする。

2 各タルトにポテトクリームを8分目までのせて平らにならし、**1**の牛肉を5等分してのせ、にんにくのみじん切りを1/5量ずつ散らす。

3 **2**を予熱したオーブンで10〜15分焼き、クレソンとラディッシュを1/5量ずつ飾る。

Oil Tart Dough + Potato Cream

049

[フムスクリーム]

Hummus Cream

フムスは中近東でよく食べられる、にんにくやスパイスを入りのひよこ豆のペーストです。ひよこ豆は市販の水煮でもできますが、乾燥豆からゆでるとずっとおいしく仕上がります。保存袋にゆで汁ごと入れて冷凍すれば、約1か月はおいしく保存できます。まとめてゆでておけば便利です。

材料 （タルト5個分）

ひよこ豆（水煮）… 80g
オリーブオイル … 小さじ1
練り白ごま … 大さじ2/3
プレーンヨーグルト（かるく水けをきったもの）
　… 大さじ2/3
クミンパウダー、コリアンダーパウダー、
　塩 … 各少々
レモン果汁 … 小さじ1

下準備（乾燥ひよこ豆をゆでる場合）

乾燥ひよこ豆300gをひと晩、たっぷりの水につける。にんにく1片と塩少々、オリーブオイル小さじ1（各分量外）を加え、水から1時間煮る。

作り方

ひよこ豆は水けをしっかりきり、ミキサーにすべての材料を入れてペースト状にする。

※冷蔵庫で3日間保存できます。

キャロットラペ
Carottes râpées

こってりしたフムスクリームとさっぱりしたキャロットラペの相性は抜群、
大好きな組み合わせです。味のアクセントには爽やかなコリアンダーシードとライムを。

材料（直径8cmのセルクル5個分）

オイル生地の空焼きタルト(P.12)
　　… 5個
フムスクリーム(P.50) … 全量
にんじん … 1本(100g)
塩 … 少々
オリーブオイル … 大さじ1
白ワインビネガー … 大さじ1/2
コリアンダーシード … 適量
ライムの薄切り … 2〜3枚

作り方

1 にんじんをせん切りにし、塩をふり約10分おき、水けをしっかりしぼる。オリーブオイルと白ワインビネガーをふり、よくあえる。

2 各タルトにフムスクリームを8分目までのせて平らにならし、**1**のキャロットラペを1/5量ずつのせ、コリアンダーシード少々をふり、いちょう切りにしたライム2枚を飾る。

Memo
ライムをグレープフルーツにかえてもおいしい。

ひき肉のチリ炒め、トマトサルサ
Chili & Tomato Salsa

ひき肉と豆で食べごたえのあるメキシカンテイストのレシピに。
ウスターソースや赤唐辛子でピリッとさせています。

材料（直径8cmのセルクル5個分）

オイル生地の空焼きタルト（P.12）… 5個
フムスクリーム（P.50）… 全量
牛または合いびき肉 … 100g
にんにくのみじん切り … 1/2片分
A ウスターソース … 小さじ1/2
　塩、黒こしょう … 各少々
　赤唐辛子 … 好みで適量
　※小口切りにしておく。
コリアンダーの葉 … 5枚
サルサソース
トマト … 1個
赤玉ねぎのみじん切り … 大さじ1
レモン果汁、塩、にんにくのすりおろし、
　タバスコ … 各少々

作り方

1　牛ひき肉とにんにくのみじん切りを油をひいていないフッ素樹脂加工のフライパンに入れ、中火にかけてさっと炒める。**A**を加え、そぼろ状にする。

2　サルサソースを作る。赤玉ねぎのみじん切りにレモン果汁と塩をふり、かるく塩もみする。

3　小鍋に湯を沸かし、トマトはおしりの部分に十字に切り目を入れる。トマトを熱湯に約10秒入れて冷水にとり、皮をむき、種を除いたら、小さめの角切りにする。**2**とにんにくのすりおろしとタバスコを加えて混ぜる。

4　各タルトにフムスクリームを8分目までのせて平らにならす。**1**を1/5量ずつのせ、**3**のサルサソースを中心に盛り、刻んだコリアンダーを飾る。

揚げなすとミント
Deep-Fried Eggplant & Mint

揚げてうまみの濃くなったなすとこってりしたフムスクリームはよく合います。
なすと相性のいいミントをたっぷり添えて爽やかさをプラス。

材料（口径9cmのタルト型5個分）

オイル生地の空焼きタルト（P.12）
　…5個
フムスクリーム（P.50）… 全量
なす…2本
ミントの葉…3枝分
食用油… 適量

作り方

1 なすは1cm厚さの輪切りにして両面にきつめに塩（分量外）をふり、約5分おいてキッチンペーパーなどで水けを拭き取る。

2 フライパンに食用油を底から1cm入れ、中火にかける。なすが、しんなりするまで高温（180℃）で揚げ焼きをする。

3 各タルトにフムスクリームを8分目までのせて平らにならす。2のなすを1/5量ずつ盛り、ミントの葉を飾る。

Memo

なすにふる塩には味つけと油の吸収をおさえる役割があります。

Oil Tart Dough + Hummus Cream

パプリカのマリネとクリームチーズ
Marinated Red Bell Pepper & Cream Cheese

とろりとして甘みの強いローストパプリカが大好きです。
真っ白なクリームチーズと合わせることで彩りも鮮やかなタルトに。
マリネしたパプリカは冷蔵庫で約3日間は保存できるので、作りおきしておくと便利です。

材料（直径8cmの春巻きの皮のタルト5個分）

春巻きの皮の空焼きタルト(P.15) … 5個
フムスクリーム(P.50) … 全量
パプリカ(赤) … 1個
A オリーブオイル … 大さじ1
　レモン果汁 … 小さじ1/2
　レモンの皮 … 少々
　コリアンダーパウダー … 小さじ1/4
クリームチーズ … 30g
コリアンダーの葉 … 5枚

作り方

1　オーブンを200℃に予熱する。パプリカの表面にオリーブオイル少々(分量外)を塗り、予熱したオーブンで約20分焼く(オーブントースターでも可)。紙袋かポリ袋に入れて 約10分蒸らす。

2　**1**の皮をむき、1.5cm角に切って**A**であえる。クリームチーズは1cm角に切る。

3　各タルトにフムスクリームを8分目までのせて平らにならす。**2**のパプリカとクリームチーズを1/5量ずつ盛り、粗く刻んだコリアンダー少々を飾る。

Memo
タルト台は春巻きの皮を使用しているので、具材を入れて長時間置いておくとふやけてしまいます。食べる直前に盛るか、フムスの下にクラッカーを砕いたものや焼きパン粉を少し散らしても。

きゅうりとチキンのヨーグルトサラダ
Cucumber & Chicken Yogurt Salad

ボリュームはあるけれど、さっぱりしたひと品。
ワインをふった蒸し鶏は、電子レンジを使って簡単にしっとり仕上げます。

材料 （直径8cmのセルクル5個分）

オイル生地の空焼きタルト（P.12）… 5個
フムスクリーム（P.50）… 全量
鶏胸肉 … 1/2枚（130g）
塩 … 小さじ1/4
白ワイン … 大さじ1
きゅうり … 1本（100g）
セロリ … 1/3本（30g）
セルフィーユの葉 … 好みで1枝分
A プレーンヨーグルト … 大さじ2
　オリーブオイル … 大さじ1
　塩 … 少々

作り方

1　鶏胸肉の表面をフォークでさし、包丁を入れて観音開きにし、厚さを均一にする。塩をすりこみ、白ワインをふって5分以上おく。耐熱容器に入れてラップをふんわりとかけ、電子レンジで約2分半加熱したら、そのまましばらくおき、余熱で火を通す。粗熱をとる。

2　きゅうりとセロリは5mm角に切り、あればセルフィーユも粗く刻む。混ぜ合わせた**A**とよくあえる。

3　各タルトにフムスクリームを8分目までのせて平らにならす。**2**と薄切りにした**1**の鶏肉を1/5量ずつのせる。

Memo
チキンを豚ヒレ肉や白身魚にかえてもOK。厚切りハムでもおいしい。セルフィーユはディルやあさつきにしても。

マンゴーと紫キャベツ
Mango & Red Cabbage

ひと目見て歓声があがる、華やかでデザートのようなタルト。
甘くジューシーなマンゴーと濃厚なフムスの組み合わせはエキゾチックなおいしさ。
マリネした紫キャベツの酸味を加えることで、全体の味をひきしめました。

材料（直径8cmのタルト型5個分）

オイル生地の空焼きタルト (P.12) … 5個
フムスクリーム (P.50) … 全量
マンゴー … 3/4個 (150g)

紫キャベツのマリネ（作りやすい分量）
紫キャベツ … 1/6個 (120g)
酢 … 小さじ2
A オリーブオイル … 大さじ1と1/2
　　白ワインビネガー … 小さじ1と1/2
　　塩 … 小さじ1/4

作り方

1　小鍋に湯を沸かす。紫キャベツはせん切りにする。熱湯に酢を入れ、紫キャベツを約30秒、さっと湯通しする。水けをきり、**A**と混ぜ合わせ、冷ます。

2　マンゴーは1.5cm角に切る。

3　各タルトにフムスクリームを8分目までのせて平らにならす。**2**のマンゴー1/5量と、**1**の紫キャベツを約小さじ2ずつ、中心に盛る。

Memo
紫キャベツのマリネは冷蔵庫で4〜5日間おいしく保存できます。

gift-wrapping　ラッピングのおはなし

　小さなタルトは、切り分けて崩れてしまったりしないのがいいところ。かわいらしい見た目は持ち寄りパーティやプレゼントにぴったりです。

　持ち運ぶときに私がよく利用するのは、高さ4cmほどの浅い密閉保存容器。100円ショップなどにあるもので十分です。

　ふたを底にしてタルトをのせ、本体をかぶせて持ち運びます。これなら取り出しやすく、本体がクリアなものを使えば見た目もきれいです。

　とはいえ、保存容器だとプレゼントとしてはやや味けなさは否めません。

　ということで、もうひと手間かけて美しく見えるアイディアをスタイリストさんに教えてもらいました。

　用意する物は透明の袋とマスキングテープ、飾り用に、あればドライフラワー。あとは、タルトがつぶれないようテトラ形にした袋におさめて、花をそっととめるだけ。

　実はこのカタチ、昔ながらのフランスのパティスリーでよく見かけたもの。包装紙はそっけのないものだったりしましたが、見た目の華やかなタルトなら、透明の袋に入れて、こんな風に外から見えるのが素敵だなと思います。

［ テトラパックの作り方 ］

①タルトが入るサイズの袋を用意します。

②袋を横にして、a・bのラインが中心になるようc・dの部分を広げます。

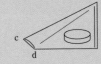

③中にタルトを入れます。

④口を折り曲げてホチキスでとめます。

⑤できあがり。

[サワーホイップクリーム]

Sour & Whipped Cream

サワークリームとブレンドして、
ほどよい酸味を加えることで生クリーム特有の
重さを解消した、どんな食材とも合う
「サワーホイップクリーム」です。

材料（タルト5個分）

サワークリーム … 70g

生クリーム … 70㎖

塩 … 小さじ1/4

作り方

ボウルにサワークリームを入れ、そこに生クリームを少しずつ加えながら泡立て器でなめらかになるまで混ぜる。塩を加えてさらによく混ぜる。

※冷蔵庫で3日間保存できます。

きゅうりとかぶ、スモークサーモン
Cucumber, Turnip & Smoked Salmon

シャキシャキした食感とみずみずしさが魅力のきゅうりとかぶに、ソフトな食感とスモーキーな香りを持つサーモンを合わせました。ピンクペッパーをプラスして洗練された味に。

材料（直径8cmのセルクル5個分）

オイル生地の空焼きタルト (P.12) … 5個
サワーホイップクリーム (P.64) … 全量
きゅうり … 1/2本 (50g)
かぶ … 1個
スモークサーモン … 5枚
ディル … 2枝分
ピンクペッパー … 適量

作り方

1 きゅうりとかぶはごく薄切りにする。スモークサーモンは食べやすい大きさに切る。

2 各タルトにサワーホイップクリームを8分目までのせて平らにならす。

3 2に1のきゅうりとかぶ、スモークサーモンを1/5量ずつのせる。それぞれ、立てるようにして交互に入れていくと美しい。

4 ディルの葉とピンクペッパーを適量飾る。

生ハムといちじく、焼きパルミジャーノ
Prosciutto, Fig & Glilled Parmesan

生ハムの塩けといちじくの甘みのコントラストを楽しむ、大人っぽい組み合わせ。
パリパリのパルミジャーノチーズを作るのは、実は簡単。
おいしさと見た目のポイントになるので、トライしてみてほしいです。

材料（直径8cmのセルクル5個分）

オイル生地の空焼きタルト(P.12)…5個
サワーホイップクリーム(P.64)…全量
いちじく…2個
パルミジャーノチーズ…大さじ3
生ハム…3枚

作り方

1 いちじくは皮をむき、くし形切りで1個を5分割にする。生ハムは食べやすい大きさに切る。

2 フッ素樹脂加工のフライパンに油をひかずパルミジャーノチーズを削り入れ、弱火でゆっくり加熱しながら、色が変わってくるまで焼く。ひっくりかえして(**a**)さらに1〜2分焼く。

3 各タルトにサワーホイップクリームを8分目までのせて平らにならし、**1**のいちじくと生ハムを1/5量ずつのせる。

4 **2**のパルミジャーノチーズをひと口大に切って飾る。

Memo
いちじくのかわりに柿や洋梨など、季節のフルーツで楽しんでみても。

たらと粒マスタード、玉ねぎのグラタン
Cod, Whole Grain Mustard & Onion Gratin

焼きたての熱々がおいしい、グラタン風の焼き込みタルトです。
バター生地（P.14）で作るのもおすすめ。
たらのうまみがしみこんだ、野菜入りのサワーホイップクリームは絶品です。

材料（縦8×横13cmの長方形型2個分）

オイル生地の空焼きタルト(P.12)…2個
サワーホイップクリーム(P.64)…全量
生たら…2切れ(160g)
セロリ…1本(100g)
玉ねぎ…1/4個(50g)
A 塩…少々
　白ワイン…小さじ1
　マスタード…小さじ1
　しょうゆ…小さじ1/2
粒マスタード…適量
シュレッドチーズ…30g
粗びき黒こしょう…適量

作り方

1　たらは小さめのひと口大に切り、Aであえて、10分ほどおく。セロリは筋を取って5cm長さに切り、玉ねぎとともに細切りにする。オーブンを180℃に予熱する。

2　サワーホイップクリームと1の野菜をさっと混ぜ合わせる。

3　各タルトに2を8分目までのせて平らにならす。水けを拭いたたらを1/2量ずつのせ、粒マスタード少々とシュレッドチーズを散らす。

4　3を予熱したオーブンで15〜20分焼く。取り出して粗びき黒こしょうをひく。

Oil Tart Dough + Sour & Whipped Cream

かにと焼きトマト
Crab & Baked Tomato

少し加熱して甘みが増した焼きトマトは、うまみの強いかによく合います。
プチトマトは1色でもおいしくできますが、2色使うとより美しく仕上がります。

材料（直径8cmのセルクル5個分）

オイル生地の空焼きタルト（P.12）… 5個
サワーホイップクリーム（P.64）… 全量
A トマトケチャップ … 小さじ1と1/2
　タバスコ … 2〜3滴
かに缶 … 大さじ5
プチトマト（赤・黄）… 20個
塩 … 小さじ1/2
ライムの薄切り … 2枚半

作り方

1　セミドライトマトを作る。プチトマトを半分に切り、全体に塩をふる。オーブンに入れ、170℃にセットして15〜20分焼き、オーブンから出して粗熱をとる。タルトを空焼きするときに、脇に置き、いっしょに焼くと便利（**a**）。

2　サワーホイップクリームに**A**を加えて混ぜる。

3　各タルトに**2**を8分目までのせて平らにならす。タルトの縁に沿ってセミドライトマト、中心に水けをきったかにを1/5量ずつのせる。ライムは半分に切り、中心に縦に切り目を入れてひねり、タルトの上に飾る。

ひじきとキヌア、カラフル野菜のマリネ
Hijiki, Quinoa & Marinated Colorful Vegetables

ビタミンやミネラルが豊富なスーパーフード、キヌアやひじき、
野菜やハーブをたっぷり詰め込んだ、体の中からきれいになる！タルト。

材料（直径8cmのセルクル5個分）

オイル生地の空焼きタルト(P.12) … 5個
サワーホイップクリーム(P.64) … 全量
キヌア（乾燥）… 15g
※表示に従ってゆでて、水きりしておく。
ひじき（乾燥）… 3g
※水で戻してさっと湯通しする。
赤玉ねぎ … 1/4個
パプリカ … 1/2個
きゅうり … 1/2本(50g)
ゆでとうもろこし … 1/2本(100g)
※缶詰でもよい。

ドレッシング
A オリーブオイル … 大さじ1
白ワインビネガー … 大さじ1/2
玉ねぎのすりおろし … 大さじ1
にんにくのすりおろし … 少々
塩、レモン … 各少々

セルフィーユ（またはイタリアンパセリ）の葉 … 15枚
アーモンドロースト … 好みで適量

作り方

1. 赤玉ねぎは5mm角に切り、酢と塩少々（各分量外）をふりしばらくおく（こうすることで発色がよくなり辛みが抜ける）。

2. パプリカときゅうりも5mm角に切り、**1**とキヌア、ひじき、とうもろこしとともに**A**のドレッシングと混ぜ合わせる。

3. 各タルトにサワーホイップクリームを8分目までのせて平らにならす。

4. **3**に水けをきった**2**を1/5量ずつのせる。上にセルフィーユと好みでアーモンドローストを散らす。

Memo
具材をドレッシングであえたサラダは冷蔵庫で2～3日間はおいしく保存できるので、作りおきしておくと便利です。

鶏もも肉と柚子こしょうクリーム
Chicken Thigh & Yuzu Pepper

中はふっくら表面はカリッと焼きつけた鶏肉と、
柚子こしょうでピリッとアクセントをきかせたサワーホイップクリームでいただく、
さっぱり仕上げの和風タルトです。

材料 （直径8cmのセルクル5個分）

オイル生地の空焼きタルト (P.12) … 5個
サワーホイップクリーム (P.64) … 全量
鶏もも肉 … 約1/2枚 (150g)
塩、黒こしょう … 各少々
柚子こしょう … 小さじ1/3
みょうが … 2個
水菜 … 20g
粗びき黒こしょう … 適量

作り方

1 鶏肉は皮にフォークで全体に穴をあけ、塩、黒こしょうをふる。油をひいていないフッ素樹脂加工のフライパンに、皮目を下にして入れ、中火にかけ、焼き色がついたら返してふたをする。中までしっかり火が通ったら取り出して、ひと口大に切る。

2 サワーホイップクリームに柚子こしょうを加えて混ぜ、各タルトに8分目までのせて平らにならす。

3 みょうがはせん切りにし、塩と酢少々（各分量外）をふる。水菜は5cm長さに切る。各タルトの縁に沿って水菜、中心に1の鶏肉を1/5量ずつのせる。その上にみょうがをのせる。粗びき黒こしょう少々をふる。

Memo
鶏肉をローストビーフに、柚子こしょうをわさびにかえても、おいしい和風タルトに。

[キッシュソース]
Quiche Sauce

思い立ったら混ぜるだけですぐにできるキッシュソース。
あとは食べたい具材を切って入れるだけ。
ソースはどんな食材とも合う、王道の配合です。
焼きたてはふるふる、冷えるとしっとりした食感に。

材料（タルト5個分）

卵…1個
牛乳…50㎖
生クリーム…50㎖
塩、黒こしょう…各少々

作り方

1 ボウルに卵を入れて、泡立て器で卵白を切るように混ぜる。

2 残りの材料を加えてなめらかになるまで混ぜる。

ゴルゴンゾーラとさつまいも
Gorgonzola & Sweet Potato

Butter Tart Dough + Quiche Sauce

ゴルゴンゾーラの強い塩けと
さつまいもの甘みをキッシュソースが
まとめてくれます。お好みで栗を加えると、
より秋らしい味わいに。
軽くはちみつをかけても。

材料 （直径8cmのセルクル5個分）

バター生地の空焼きタルト(P.14) … 5個
キッシュソース(P.76) … 全量
ゴルゴンゾーラチーズ … 25g
さつまいも … 1/2本（150g）
くるみ … 10個

作り方

1　オーブンを170℃に予熱する。さつまいもは皮つきのまま1.5cmの角切りにする。

2　各タルトにさつまいもとゴルゴンゾーラチーズを1/5量ずつのせる。

3　2の上からキッシュソースを8分目まで注ぐ。

4　くるみを割って1/5量ずつ上に散らし、予熱したオーブンで15〜20分焼く。

グリーンアスパラガスとうずら卵
Green Asparagus & Quails Egg

アスパラガスと卵は、とても相性のいい組み合わせなので
あえてシンプルに野菜1品で作りました。そのほか、グリーンピースやそら豆、
とうもろこしだけで作るシンプルキッシュもおすすめです。

材料 （直径8cmのセルクル5個分）

バター生地の空焼きタルト(P.14)
　　…5個
キッシュソース(P.76) … 全量
グリーンアスパラガス … 中10本(150g)
うずら卵 … 5個
A 粒マスタード … 小さじ1/4
　ナツメグ … 少々
　パルミジャーノチーズ(粉) … 大さじ1

作り方

1　オーブンを170℃に予熱する。キッシュソースに**A**を加えてよく混ぜる。

2　アスパラガスは根元のかたい部分を切り落とし、はかまをピーラーで削ぐ。穂先を残して、7mm厚さの小口切りにする。

3　各タルトに**2**の小口切りにしたアスパラガスを1/5量ずつのせる。

4　**3**の上からキッシュソースを8分目まで注ぎ穂先を2本ずつのせ、うずらの卵を1個落とし入れる。予熱したオーブンで約15分焼く。

ベーコンとトマト、アボカド
Bacon, Tomato & Avocado

焼いたアボカドのなめらかな食感と濃厚さに
焼きトマトの酸味と甘みが合わさりインパクトの強い味に。
上へのせたマヨネーズもアクセント。冷やして食べるのもおすすめです。

材料（直径8cmのセルクル5個分）

バター生地の空焼きタルト(P.14) … 5個
キッシュソース(P.76) … 全量
トマト … 小2個 (100g)
アボカド … 1/2個
ベーコン … 1と1/2枚
マヨネーズ … 適量

作り方

1 オーブンを170℃に予熱する。トマトは7mmの厚さの輪切りに、アボカドは1.5cm角に、ベーコンは1cm幅の短冊切りにする。

2 各タルトに**1**のアボカドとベーコンを1/5量ずつ入れる。キッシュソースを8分目まで注ぎ、トマト1/5量ずつをのせ、マヨネーズを適量かける。

3 予熱したオーブンで**2**を12〜15分焼く。

Memo
ベーコンをツナにかえるのもおすすめ。

Butter Tart Dough + Quiche Sauce

サーモンとズッキーニのばら
Salmon & Zucchini Rose

キッシュソースにサーモンを練り込んだ、サーモンテリーヌのようなキッシュ。
ズッキーニはくるくると巻いて中心に置くと、花が咲いたようなイメージになります。

材料 （直径8cmのセルクル5個分）

バター生地の空焼きタルト(P.14) … 5個
キッシュソース(P.76) … 全量
ズッキーニ … 1本（約20cmのもの）
生さけ … 40g（皮を除いた正味。約1/2切れ）
スモークサーモン … 10g
生クリーム … 70mℓ
溶き卵 … 1個分
塩 … 小さじ1/4
ピンクペッパー … 好みで適量

作り方

1 オーブンを170℃に予熱する。さけに塩少々（分量外）をふって水けを拭いておく。

2 フードプロセッサーかミキサーにキッシュソースとスモークサーモンと**1**のさけ、生クリームを入れてかくはんする。溶き卵を加えてさらになめらかになるまでかくはんし、塩を加えて味を調える。

3 ズッキーニをスライサーで薄くスライスしたものを20枚作り、さらに縦半分に切る。8枚を端から重ねてくるくる巻き、花状にする（P.118「ズッキーニでばらを作る方法」）。これをあと4個作る。

4 各タルトに**2**を6分目まで注ぎ、**3**の花状にしたズッキーニを中心に置き、好みでピンクペッパーを適量散らす。

5 **4**を予熱したオーブンで15〜20分焼く。途中ズッキーニが焦げそうであればアルミ箔をかぶせるとよい。

make-ahead　作りおきのおはなし

　タルトは大好きですが、生地を作って休ませ、のばして、敷き込み、トッピングを用意して、といっきに作るとしたら半日仕事。

　気軽に手軽に作れます、とは言いづらいものです。

　でも私はわりと気楽にタルトを作っています。なぜかなあと考えると、型に敷き込んである焼く前の段階のタルト台が冷凍庫にあったり、敷かれるのを待っている生地があったりするからだと思います。

　暇なときに生地を作って冷凍庫で休ませておく。時間があるときに解凍し、敷いて、また冷凍庫に。食べたくなったときに焼く。あとは空焼きしている間に中身を作ればいいと考えると、そこまで面倒ではないんですよね。タルト台の中に入れるものも冷凍保存できるクリームや混ぜるだけですぐできるソース、マリネなど「作りおき」できるものを組み合わせるのもコツ。

　たとえばバター生地（P.14）やサブレ生地（P.90）は、冷凍で1か月間おいしく保存することができますし、むしろ休ませたほうが生地がのばしやすく、扱いやすくなります。

　クリームでいうとフムスクリーム（P.50）のひよこ豆はゆでて冷凍、あとはミキサーにかけるだけで完成しますし、アーモンドクリーム（P.106）も冷凍保存しています。キャロットラペ（P.51）やトマトのサルサソース（P.52）、パプリカのマリネ（P.56）、紫キャベツの酢漬け（P.60）、キヌアとひじきのサラダ（P.72）などの色鮮やかなトッピングはうちの常備菜。冷蔵庫で5日間くらいは保存できます。それだけでつまんだり、サンドイッチにしたり、付け合わせとしても重宝するので、私はいつも少し多めに作っているのです。

　こんなふうに「作りおき」と、混ぜるだけ、切るだけのパーツを合わせれば、1種類のタルト台にクリームやトッピングでバリエーションをつけていくことも簡単にできます。

　作る手間のハードルが下がれば、休日のブランチやホームパーティ、そしてプレゼントにと、タルトを楽しむシーンがぐっと広がるのではないかなと思うのです。

バター生地（P.14）やサブレ生地（P.90）は、ラップでぴっちり包み保存袋に入れて冷凍庫へ。解凍は自然解凍で。

スイーツタルト
Sweet Tarts

スイーツタルトの
方程式

　スイーツタルトの生地は、口の中でホロホロと優しく崩れていく食感が魅力の「サブレ生地」のほか、市販の冷凍パイシートや市販のクッキーを利用する手軽なアイディアも提案しています。

　タルト台に入れるクリームとソースは7種。レシピではおすすめの組み合わせを紹介していますが、セイボリータルトと同じように、生地とクリームやソース、トッピングを自分好みに、自由自在に組み合わせることができます。また型に敷きこまないでサンドするタルトも手軽でおすすめです。

　小さなスイーツタルトたちは、どれもかわいらしく華やかで、プレゼントやおもてなしにもぴったり。

　タルト台やクリーム、フルーツなどのトッピングを色々用意しておいて、自分好みに盛りつけてもらったりといった楽しみ方もできるので、準備の忙しいホームパーティのデザートとしても活躍します。

Sweet Tarts

香ばしくてさくさくした「サブレ生地」や市販のクッキーを使った生地に、混ぜるだけで作れるクリーム＆ソース7種を好みで組み合わせてみてください。

Sable Tart Dough
サブレ生地

さっくりしたクッキーのような生地は
冷蔵庫でひと晩寝かせることで
扱いやすくなります。本書のスイーツタルトの
レシピの倍量作るので、半量は冷凍庫で
保存してください。約3週間保存できます。

材料

(セルクル／タルト型／舟型　約8個分
長方形型　4個分)

バター…120g
※室温に戻してやわらかくしておく。

粉砂糖…60g

溶き卵…1/2個分
※室温に戻しておく。

薄力粉…200g

※粉類はふるっておく。

[使用しているタルト型]

直径8cmのセルクル
（タルトリング）

縦8×横13cm
の長方形型

直径8cmのタルト型

直径6cmの花型

1. ボウルにバターを入れ、ゴムべらで練り、クリーム状にする。

4. 薄力粉を加え、ゴムべらで切るようにして混ぜる。ここで練らないこと。全体が混ざったらOK。多少、粉けが残っていてもよい。

2. 粉砂糖を加え、砂糖が溶けきるまでゴムべらでよく混ぜ合わせる。

5. 4を2分割し、ラップにくるみ、めん棒で厚さ1cmの円形にする。1つは冷蔵庫で2時間からひと晩休ませる。もう1つは冷凍庫で保存。

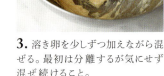

3. 溶き卵を少しずつ加えながら混ぜる。最初は分離するが気にせず混ぜ続けること。

6. 生地を4等分する。作業台に打ち粉（分量外）をしてからめん棒で型よりひとまわり大きいサイズにのばす。

7. 生地にフォークでピケ（穴あけ）する。

10. 型の上からめん棒を転がし、余分な生地を切り落とす。余った生地はまとめて焼いてもよい。

Cookie Dough
市販のクッキー生地

ポリ袋に市販のグラハムクッキーを8枚（約70g）入れてめん棒で叩いて砕く。溶かしバター大さじ1を入れて袋の上から手でもむ。型に敷き詰めて冷やせば完成。

8. 生地をめん棒にかけて、型にかぶせる。

11. 生地を型に押しつけ、口から2〜3mm生地を押し上げる（P.13 8〜9）。

Frozen Pie Dough Sheet
冷凍パイシート

9. 生地を、余裕をもたせて型に敷いたら、縁にしっかり密着させていく。

12. 11をオイル生地と同様にして焼く（P.13 11〜12※溶き卵は塗らない）。180℃に予熱したオーブンで10分、シートとおもしを除き5分焼く。型からはずして冷ます。具材を入れずに焼くことを空焼きという。

冷凍パイシートを型のサイズに切り、めん棒で型よりひと回り大きいサイズにのばし、型に敷く。冷凍庫で15分以上冷やす。オーブンシートを敷いておもしを置き、オーブンシートを敷いた天板にのせ、180℃に予熱したオーブンで10分、おもしとオーブンシートを除き5分焼く。型からはずしてケーキクーラーの上で冷ます（P.12〜13 4〜13）。

[クラフティソース]

Clafoutis Sauce

フランスの郷土菓子クラフティは、卵液にさくらんぼを入れて焼き上げたタルトのこと。ここでは、フルーツアレンジも含めて3種類紹介します。クラフティソースには、ほんのすこしのヨーグルトを加えて爽やかなあと味になるようにしました。なめらかな舌ざわりも魅力です。

材料 (タルト4個分)

薄力粉…15g

グラニュー糖…15g

プレーンヨーグルト…30g

生クリーム…70ml

卵黄…1個分

バニラビーンズ…1/6本

作り方

ボウルに薄力粉とグラニュー糖を入れ、泡立て器で混ぜながらヨーグルトを少しずつ加える。生クリームと卵黄を加えて、さらによく混ぜる。さやから取り出したバニラビーンズを加えて混ぜ、ざるなどでこす。

チェリークラフティ
Cherry Clafoutis

Sable Tart Dough + Clafoutis Sauce

フランスでは、チェリーは種ごと焼くと味に深みが出るといわれています。生のチェリーが手に入ったら種ありで作ることも試してみて。冷凍ラズベリーや缶詰の杏、ドライプルーンでも。

材料（直径8cmのセルクル4個分）

サブレ生地の空焼きタルト（P.90）
　…4個
クラフティソース（P.92）… 全量
ダークチェリーのシロップ漬け（缶）… 24粒
※製菓材料店などで売っている「冷凍グリオット」もおすすめ。
キルシュ… 大さじ1
アーモンドスライス… 適量

作り方

1　オーブンを170℃に予熱する。チェリーの水けをきり、キルシュをまぶし10分以上おき、半分に切る。

2　各タルトに**1**のチェリーを1/4量ずつ、切り口を横にして入れ、クラフティソースを8分目まで注ぎ、アーモンドスライスを散らす。

3　**2**を予熱したオーブンで約20分、表面がゆれなくなるまで焼く。

桃とラズベリーのクラフティ
Peach & Raspberry Clafoutis

白桃を使ったぜいたくなクラフティ。
酸味のあるネクタリンでもおいしくできます。

材料（縦8×横13cmの長方形型2個分）

サブレ生地の空焼きタルト（P.90）… 2個
クラフティソース（P.92）… 全量
白桃 … 1/2個
※缶詰の白桃でも可。
冷凍ラズベリーを粗く刻んだもの … 大さじ1
A はちみつ … 大さじ1
　レモン果汁 … 少々
はちみつ … 小さじ1

作り方

1 オーブンを170℃に予熱する。桃は皮をむいて5mm厚さの薄いくし形切りにし、**A**をかけておく。

2 各タルトに**1**の桃を1/2量ずつ並べ入れる。クラフティソースを8分目まで注ぎ、冷凍ラズベリーを適量散らす。

3 予熱したオーブンで20分、表面がゆれなくなるまで焼く。仕上げに桃にはちみつを塗る。

パイナップルとグレープフルーツのココナッツクラフティ
Pineapple, Grapefruit & Coconut Clafoutis

トロピカルなテイストに、グレープフルーツの苦みが加わることで大人っぽい味に。

材料（直径8cmのセルクル4個分）

サブレ生地の空焼きタルト（P.90）… 4個
クラフティソース（P.92）… 全量
パイナップル … 80g
グレープフルーツ … 4房
グラニュー糖 … 大さじ1
ココナッツフレーク … 大さじ2
ライムの薄切り … 2枚

作り方

1 オーブンを170℃に予熱する。パイナップルはひと口大に切り、グレープフルーツは房から果肉を取り出してひと口大に切る。

2 クラフティソースにココナッツフレーク大さじ1を加えて混ぜる。

3 フライパンにグラニュー糖を入れて中火にかけ、全体にキャラメル色になったら**1**を入れてかるくソテーし、粗熱をとる。

4 各タルトに**3**を1/4量ずつ入れ、**2**のクラフティソースを8分目まで注ぎ、ココナッツフレーク大さじ1を少量ずつ散らす。予熱したオーブンで20分、表面がゆれなくなるまで焼く。半分に切ったライムをのせる。

arranging tarts　パフェのおはなし

　タルト作りでなにが面倒かといえば生地を型に敷く作業。
　暑いと、とくにだれやすくてベタベタになったりも。そんなときは、のばして焼くだけにしてしまいます。生地を3〜5mmくらいの厚さにし、包丁で適当な大きさに切ります。ごまやクミンを散らしてのばしてもいいでしょう。180℃のオーブンに放り込んで10分ちょっと。そう、クラッカーのような甘くないクッキーを作るのです。
　そしてクリームやトッピングをグラスへ重ねたものに添えてサーブ。
　写真は「ひき肉のチリ炒め、トマトサルサ」(P.52)をパフェにしたもの。
　クラッカーでクリームをすくいながら食べるセイボリーパフェは、食べるのも楽しく、見た目も華やかなので、おもてなしの前菜にもいいかもしれません。

こちらはスイーツタルトの生地を同じようにのばし、焼き上げたものを添えたパフェ。

ここでは、市販のバニラとキャラメルクリームのアイスにバナナとマンゴーを合わせて、ナッツをトッピングしました。

本書で紹介しているレモンクリーム(P.110)や、チョコレートクリーム(P.110)、家に余っているフルーツや市販のアイスクリーム、ジャムなどを色々組み合わせてください。とくにルールはないけれど、同系色のものはだいたい合うので、迷ったらチョコやキャラメルでブラウンのグラデーションにしたり、ベリーでピンクのグラデーションなどにするのがおすすめです。

パフェグラスがなければ、小さなココットに盛りつけてもいいと思います。

私は横着をして、焼いたタルト生地を適当に三角形にカットしてしまいましたが、クッキー型で抜けばもっとかわいくなりそうです。

[エッグタルトソース]
Egg Tart Sauce

人気のエッグタルトをパイシートで簡単に作ります。
ソースは濃厚なプリンをイメージした配合に。
練乳を入れることでコクを出しています。ソースは混ぜるだけ、あとは型に流し入れるだけと、コツいらずの簡単さもポイントです。

材料（タルト4個分）

卵黄 … 1個分
牛乳 … 40mℓ
練乳 … 40g

作り方

ボウルにすべての材料を入れて泡立て器で混ぜ合わせる。

エッグタルト
Egg Tart

冷凍パイシートは薄くのばしたほうが
パリパリしておいしく仕上がります。

材料（直径8cmのセルクル4個分）

冷凍パイシート
　…1枚(18×18cmのものを使用)
エッグタルトソース(P.98)… 全量
粉砂糖 … 小さじ2

作り方

1　冷凍パイシートは4分割し、約2mmの厚さにのばす。

2　セルクルに、口から生地が1cm程度はみ出るくらいに敷き、冷凍庫で約20分以上休ませる。

3　オーブンを170℃に予熱する。2の上にオーブンシートを敷いて、おもしを置き約10分焼く。おもしとオーブンシートを除いて、底面に粉砂糖を小さじ1/2ずつふり、さらに5分焼く。

4　3で空焼きした各タルトにエッグタルトソースを8分目まで注ぐ。

5　オーブンを180℃に予熱したら、15〜20分焼く。

[チーズクリーム]
Cheese Cream

人気の高い、ベイクドチーズタルト。
チーズクリームには小麦粉を入れていないので
口溶けがなめらかです。サワークリームを使うことで
爽やか、かつ濃厚なクリームに。

材料 （タルト4個分）

クリームチーズ…100g
グラニュー糖…30g
サワークリーム…50g
卵黄…1個分

作り方

1　ボウルにクリームチーズとグラニュー糖を入れて泡立て器でなめらかになるまで混ぜる。

2　1にサワークリームと卵黄を入れて、なめらかになるまで混ぜる。

Memo
レモンの皮のすりおろし1/4個分、またはバニラビーンズ1/2本を加えると一段とおいしくなります。

プレーンチーズ
Plain Cheese

Sable Tart Dough + Cheese Cream

ホロホロと優しく崩れていく生地の
食感と、なめらかなチーズの
相性を心ゆくまで楽しんで。
おみやげとしても重宝します。

材料 （直径8cmのセルクル4個分）

サブレ生地を型に敷き込んだもの
　（P.90～91 1～11）… 4個
チーズクリーム（P.100）… 全量

作り方

1　オーブンに天板を入れ170℃に予熱する。各タルトにチーズクリームを8分目まで注ぐ。

2　1を予熱したオーブンで15～20分焼く。

Memo
冷蔵庫で2～3日おいしく保存できます。

ブルーベリーチーズ
Blueberry Cheese

酸味のきいたサワークリームを加えた
ホイップクリームは、
チーズケーキにもベリーにもよく合います。

材料（直径8cmのセルクル4個分）

サブレ生地を型に敷き込んだもの
　（P.90〜91 **1〜11**）… 4個
チーズクリーム（P.100）… 全量
ブルーベリー … 60g
サワークリーム … 30g
生クリーム … 50mℓ
グラニュー糖 … 小さじ2
※はちみつ大さじ1でもよい。

作り方

1. オーブンを170℃に予熱する。各タルトにチーズクリームを8分目まで注ぎ15〜20分焼く。粗熱がとれたら冷蔵庫で冷やす。

2. ボウルにサワークリームと生クリームを入れて泡立て器で混ぜる。さらにグラニュー糖を少しずつ加えながら泡立て器でツノが少し立つ程度（6分立て）に泡立てる。

3. **1**に**2**のクリームを、仕上げにブルーベリーも1/4量ずつのせる。

ベリーベリーチーズ
Berry & Berry

焼き込んで甘みの増したベリーと、フレッシュで甘酸っぱいベリーの、両方のおいしさを堪能できるベリー好きにはたまらないタルトです。

材料（直径8cmのセルクル4個分）

サブレ生地を型に敷き込んだもの
　（P.90〜91 **1〜11**）… 4個
チーズクリーム（P.100）… 全量
ラズベリー … 40g（焼き込み用）
※冷凍でも可。
ラズベリー、いちご … 合わせて100g

作り方

1. オーブンを170℃に予熱する。各タルトに焼き込み用のラズベリーを1/4量ずつ入れ、チーズクリームを8分目まで注ぎ、予熱したオーブンで15〜20分焼く。粗熱がとれたら冷蔵庫で冷やす。

2. いちごを半分に切り、**1**の上にラズベリーとともに1/4量ずつのせる。

杏とバナナのキャラメルチーズ
Apricot & Caramelized Banana

キャラメリゼして、ほろ苦さを加えたバナナを、杏の酸味をプラスした
チーズケーキにトッピング。好みでホイップクリーム、
またはサワークリーム入りのホイップクリームをのせてもおいしいです。

材料（直径8cmのセルクル4個分）

市販のクッキー生地を型に敷き込んだもの
　（P.91）… 4個
チーズクリーム（P.100）… 全量
ドライアプリコット … 5個
A グラニュー糖 … 大さじ1
　水 … 大さじ3
　ラム酒 … 小さじ1
バナナ … 小1本（70g）
グラニュー糖 … 大さじ2
B 生クリーム … 大さじ2
　ラム酒 … 小さじ1
ピーカンナッツ … 4粒
※タルトを焼くときに5分ほど
脇でいっしょにローストしておく。
ホイップクリーム
C 生クリーム … 100mℓ
　グラニュー糖 … 大さじ1

作り方

1　ドライアプリコットは5mm角に刻み、**A**を入れた耐熱容器に入れ、電子レンジでラップをして30秒加熱して約10分おく。

2　オーブンを170℃に予熱する。チーズクリームに**1**を加えて混ぜ、各タルトに8分目まで注ぎ、予熱したオーブンで15～20分焼く。

3　バナナは5mm厚さの輪切りにする。フライパンにグラニュー糖を入れて、中火にかけ、全体がキャラメル色になってきたらバナナを加えてソテーする。バナナがとろりとしてきたら**B**を順に加えてさっと混ぜ、火を止める。

4　バナナの粗熱がとれたら**2**の各タルトに1/4量ずつのせ、ローストしたピーカンナッツをトッピングする。好みで、ボウルに**C**を入れ、泡立て器でツノが少し立つ程度（6分立て）に泡立て、上にのせてもおいしい。

[アーモンドクリーム]
Almond Cream

ベーシックな配合のアーモンドクリームです。
フルーツをふんだんに入れても果汁や酸味をしっかり
受け止める、しっとり濃厚な味わいが特徴です。
薄力粉を少し入れることでサクッとした食感に。

材料（タルト4個分）

バター … 50g
※室温に戻して、やわらかくしておく。

グラニュー糖 … 50g

溶き卵 … 1個分
※室温に戻しておく。

ラム酒 … 小さじ1/2

アーモンドパウダー … 50g

薄力粉 … 大さじ1

作り方

1 ボウルにバターを入れて泡立て器でなめらかになるまで混ぜたら、グラニュー糖を加え、さらによく混ぜ合わせる。

2 溶き卵とラム酒とアーモンドパウダー、薄力粉を順に加え、だまが残らないよう、よく混ぜ合わせる。

※ラップに包んで保存袋に入れ、冷凍庫で約3週間保存できる。

紅いりんごのばら
Red Apple Rose

食べるのがもったいほどのロマンチックなばらのタルト。
ほどよい甘さで作り上げた、
りんごの赤いグラデーションが美しいお菓子です。

Sable Tart Dough + Almond Cream

材料（直径8cmのタルト型4個分）

サブレ生地の空焼きタルト(P.90)…4個
アーモンドクリーム(P.106)…全量
りんご（紅玉）…1と1/2個(300g)
A｜グラニュー糖…50g
　｜水…100ml
　｜レモン果汁…小さじ1
グラニュー糖…適量（飾り用）

作り方

1 りんごは芯を取り、皮はつけたままごく薄いくし形切りにする。

2 大きめの鍋にAと薄切りにしたりんごを入れ、りんごがひたひたの状態になる程度まで水を加える。オーブンペーパーかアルミ箔で落としぶたをし中火で2分煮る。途中で水がなくなり、焦げそうになったら水を少量足す。

3 2をバットに移して広げ、ラップをりんごに密着させてかけ、冷蔵庫で冷ます。

4 オーブンを170℃に予熱する。りんごの水けをきって巻き、ばらの形にしたものを4個作る（P.119「りんごでロマンチックなばらのタルト」）。

5 各タルトにアーモンドクリームを8分目まで入れて平らにならし、4を中央に置く。

6 5を予熱したオーブンで15分焼く。りんごが焦げそうだったらアルミ箔をかぶせる。食べる直前にグラニュー糖少々をふってもよい。

栗と珈琲のクランブル
Chestnut & Coffee Crumble

栗とコーヒーの風味がよく合う、甘くてコクのあるお菓子。
クランブルのさくさくした食感も楽しんで。

材料 （直径8cmのセルクル4個分）

サブレ生地の空焼きタルト（P.90）… 4個
アーモンドクリーム（P.106）… 全量
栗の渋皮煮（または甘露煮）… 8個
インスタントコーヒー（粉）… 小さじ1/2
湯 … 小さじ1/2
くるみ … 20g

クランブル
A 薄力粉 … 40g
　ブラウンシュガー … 20g
　バター … 20g
　シナモン（粉末）… 小さじ1/4

作り方

1. クランブルを作る。ボウルにAを入れ、指先でバターをつぶしながら粉とすり合わせてそぼろ状にし、冷凍庫で15分以上休ませておく。

2. オーブンを180℃に予熱する。栗は半分に切る。インスタントコーヒーは湯で溶かし、アーモンドクリームに加えて混ぜる。

3. 各タルトに2のアーモンドクリームを8分目まで入れて平らにならし、半分に切った栗を均等に埋め込む。粗く刻んだくるみとクランブルを1/4量ずつのせる。予熱したオーブンで約20分焼く。

マンゴーとオレンジ
Mango & Orange

マンゴーとオレンジの果汁をたっぷり吸った
アーモンドクリームが、後味爽やかなタルトです。

材料 （口径9cmのタルト型4個分）

サブレ生地の空焼きタルト（P.90）… 4個
アーモンドクリーム（P.106）… 全量
マンゴー … 1/2個（100g）
オレンジ … 1/2個（100g）
A アプリコットジャム … 大さじ2
　グランマニエ … 小さじ1
　湯 … 大さじ2
ピスタチオ … 好みで2〜3個

作り方

1. オーブンを180℃に予熱する。オレンジは房から果肉を取り出して、マンゴーとともに1cm角に切る。ピスタチオを細かく刻む。

2. 各タルトにアーモンドクリームを8分目まで入れて平らにならし、1のオレンジとマンゴーを1/4量ずつのせ、好みでピスタチオを適量散らす。

3. 予熱したオーブンで約20分焼く。

4. 小鍋にAを入れてさっと煮立てたら3の表面に塗る。

Memo
洋梨やぶどう、いちじくで作るのもおすすめです。

[3種のクリーム]
3 Kinds of Cream

チョコレートクリームとホワイトチョコレートクリームは
1日(12時間)以上寝かせることが大切です。8時間程度では泡立ちません。
しっかり泡立てることで空気をふくみ、なめらかで口溶けのよいクリームに、
レモンクリームは、しっかり冷やしかためることで扱いやすくなります。

Chocolate Cream

White Chocolate Cream

Lemon Cream

[チョコレートクリーム]
Chocolate Cream

材料（作りやすい分量）

製菓用チョコレート（カカオマス60％以上）… 30g
生クリーム … 100㎖
はちみつ … 小さじ1/2

作り方

1　製菓用チョコレートを粗く刻む。
2　小鍋で生クリームを沸とう直前まで温めたら火からおろし、**1**に大さじ2を加える。ゆっくり混ぜ、溶けたら残りの生クリームを少しずつ加え混ぜる。はちみつも加えて混ぜる。
3　**2**をボウルに入れ、粗熱がとれたら、ラップをかけて冷蔵庫で1日以上寝かせる。
4　**3**を泡立て器で、ツノが立つ程度（6分立て）くらいまで泡立てる。

[ホワイトチョコレートクリーム]
White Chocolate Cream

材料（作りやすい分量）

製菓用ホワイトチョコレート … 50g
生クリーム … 100㎖
はちみつ … 小さじ1/2

作り方

上記チョコレートクリームと同様にする。

[レモンクリーム]
Lemon Cream

材料（作りやすい分量）

A グラニュー糖 … 50g
　 コーンスターチ … 大さじ1と1/2
レモン果汁 … 70㎖
卵黄 … 1個分
バター … 大さじ1
レモンの皮のすりおろし … 1/4個分

作り方

1　鍋に**A**を入れ泡立て器でかき混ぜながらレモン果汁と卵黄とレモンの皮のすりおろしを少しずつ加える。
2　**1**を弱火にかけ、泡立て器で混ぜながら加熱し、とろみがついたらゴムべらに持ち替えて、しばらく混ぜて火を止める（**a**）。バターを加え余熱で混ぜ溶かす。ざるでこしながらバットに移し、表面に密着するようにラップをかけ、冷蔵庫で1時間以上冷やす。

※余った卵白で「メレンゲ」（P.115）を作っても。

Chocolate Cream

[のせて、サンドして楽しむ]

サブレ生地(P.90)を直径6cmの花型で抜いたら170℃に予熱したオーブンで10〜12分焼き、花形タイプを作る。

Chocolate Cream

オレンジマーマレード
Orange Marmalade

トッピングのオレンジマーマレードは
かためのものを使ってください。
やわらかい場合は少し煮詰めるといいでしょう。

材料と作り方

絞り袋にチョコレートクリーム(P.111)を適量入れ、クッキーの上に絞り、オレンジマーマレードを少量のせる。好みで、もう1枚のクッキーではさんで粉糖をふっても。

ラムレーズン
Rum Raisins

ラムレーズンは、あれば自家製のものを。
ドライいちじくやプルーンに
おきかえるのもおすすめ。

材料と作り方

絞り袋にチョコレートクリーム(P.111)を適量入れ、クッキーの上に絞り、オーブントースターで約2〜3分ローストしたナッツやくるみ、ラムレーズン(市販)をのせる。

※自家製ラムレーズンを作るときは、レーズンをさっと湯に通し、水けをきったらひたひたのラム酒にひと晩以上つける。1週間以上つけておくとよい。

White Chocolate Cream

抹茶風味
Green Tea Flavored

濃厚でミルキーなホワイトチョコレートと
ほろ苦く、香りの高い抹茶は
人気の高い組み合わせ。抹茶の濃さはお好みで。

材料と作り方

抹茶小さじ1/4に小さじ1/2の水を加えて溶き、ホワイトチョコレートクリーム（P.111）全量に混ぜる。絞り袋に適量入れ、クッキーの上に絞り、上から抹茶を好みの分量ふる。

フルーツトッピング
Topped with a Fruit

ホワイトチョコレートとフレッシュな
フルーツの酸味は抜群の相性。
ラズベリーのかわりにいちごやマンゴーでも。

材料と作り方

絞り袋にホワイトチョコレートクリーム（P.111）を適量入れ、クッキーの上に絞り、ラズベリーを1個のせる。

Lemon Cream

クリームフィリング
Cream Filling

甘酸っぱいレモンクリームは
ホワイトチョコレートクリームとよく合います。
ホイップクリームにしてもおいしいです。

材料と作り方

レモンクリーム（P.111）をクッキーの上にスプーンで適量のせ、花形クッキーではさむ。その上にホワイトチョコレートクリーム（P.111）またはホイップクリーム（P.105 4）適量を絞り、ブルーベリーを1個のせる。

メレンゲ
Meringue

レモンクリームを作ったときに余った卵白で
ふわふわのメレンゲを作り、
レモンクリームといっしょに食べます。

材料と作り方

オーブンを230℃に予熱する。卵白1個分を泡立て器で白っぽくなるまで泡立てたら、グラニュー糖大さじ2を少しずつ加えてツノが立つまで泡立てる。クッキーの上にレモンクリームを約小さじ1のせ、さらにメレンゲで囲む。予熱したオーブンで5分焼く（グリルで2〜3分焼いてもよい）。粗熱がとれたらレモンの皮のすりおろし少々をのせる。

基本の道具

A:泡立て器　B:おもし…なければ乾燥したあずきや米でも。C:ケーキクーラー…焼き上がったタルトの粗熱をとる間のせておく。D:ボウル…大小2つあると便利。E:ゴムべら…耐熱性のシリコンべらが便利。F:スケッパー…生地やバターを切ったり、切り混ぜるのに使う。G:型…この本では3つの小さなタルト型と1つのセルクル(タルトリング)を使用。H:電子スケール…1g単位で量れるものが便利。I:オーブンシート…おもしの下や天板に敷く。J:計量スプーン…大さじ、小さじを使用。

基本の材料

A:アーモンドパウダー…生地に加えるとしっとりし、コクが出る。B:薄力粉…お菓子を作るのに適した小麦粉。食感がかるく仕上がる。C:強力粉…グルテンが多めで食感にこしが出る。D:グラニュー糖…あっさりした味わい。E:牛乳　F:オリーブオイル…有機のエクストラバージンオリーブオイルを使用。G:粉砂糖…生地に加えると空気をふくみ食感がかるくなる。H:バター…お菓子、料理ともに食塩不使用のものを使用。発酵バターだと風味がよりよくなる。I:卵…Mサイズ（50g）を使用。J:生クリーム…脂肪分35%以上のものを使用。

cooking hints　　タルトをじょうずに作るコツのおはなし

ズッキーニでばらを作る方法

　本書の小さなタルトをじょうずに作るために、いくつかのコツがありますので紹介します。

　タルトの中に、小さな花が咲く。そんなイメージで作るばらのタルトが人気を集めています。ここでは、火が通りやすく扱いやすいズッキーニのばらの作り方を説明しましょう。まず、ズッキーニを20cmの長さに切り、スライサーなどで薄くむきます。タルト1個につき5枚ほどむいたら、それぞれを縦半分に切ります。くるくると巻いて中心部を作ったら、1枚ずつ巻きつけていきます。最後にキッシュソースの入ったタルトの中心に置きます（完成写真はP.82参照）。

りんごでロマンチックな、ばらのタルト

　スイーツタルトでも、りんごのコンポートで作った美しいばらのタルトをご紹介しています。薄いくし形切りにして甘く煮たりんごのコンポートを、端を少しずつ重ねながら並べ、はじからくるくると巻きます。巻き終わったら立てて、外側のりんごを少し裏に返し、花びらが開いたように形づくります。(完成写真はP.107参照)。

ソースを入れる順番と、入れる分量について

　キッシュソース(P.76)やクラフティソース(P.92)などの液体をタルトに注いでから焼き上げる場合、必ず先に具材を入れ、その上からソースを8分目くらいまで注ぐこと。この順番を間違えると、ソースがあふれ出ることがあります。

型に穴があいたら、タルト生地ですぐカバー

　焼き上がったタルトに大きな穴があいていたり、液もれしそうなひびが入っていたら、余っているタルト生地でふさぎます。万が一のために、タルト生地をほんの少し取り分けておくのもいいでしょう。なければ卵を塗ってから焼いてもOKです。

生地の敷き方で、型に入る内容量が変わります

　セルクルや型にタルト生地を敷き込むとき、型の底の縁まできっちり敷き詰めないまま焼き上げてしまうと、タルトの台の形が崩れて、容量が少なくなり、中に入るクリームやソースの分量がずいぶん変わってしまいます。せっかく作った材料が余ってしまうのはもったいないもの。おいしさにも影響しますから、きっちり縁まで敷き込んでくださいね。

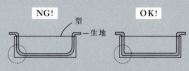

たるんだ部分に負荷がかかり、生地が破れやすくなる。

著者
若山曜子（わかやまようこ）

料理・菓子研究家。東京外国語大学フランス語学科卒業後パリへ留学。ル・コルドンブルーパリ、エコール・フェランディを経て、フランス国家調理師資格(C.A.P)を取得。パリのパティスリーやレストランで研鑽を積み、帰国後は雑誌や書籍のほかカフェや企業のレシピ開発など幅広く活躍中。お菓子、料理ともに食材の組み合わせのアイディア、見た目の華やかさ、そしてレシピの再現性の高さに定評がある。著書に『りんごのお菓子』(地球丸)、『レモンのお菓子』(マイナビ出版)、『簡単なのにごちそう。焼きっぱなしオーブンレシピ』(宙出版)ほか多数。
ブログ「甘くて優しい日々のこと」http://tavechao.com

STAFF
デザイン	髙橋朱里、菅谷真理子(マルサンカク)
撮影	川上輝明
スタイリング	肱岡香子
校正	みね工房
英語校正	成田佐奈恵
調理アシスタント	尾崎史江、矢村このみ
編集	斯波朝子(オフィス Cuddle)

材料協力
cuoca (クオカ)
住所　東京都目黒区緑が丘 2-25-7「スイーツフォレスト」
電話　0570-00-1417
http://www.cuoca.com/
お菓子作り・パン作りの素材や道具の専門店
※本書で紹介している、直径8cmの「セルクル」は、cuocaでは「Matferタルトリング 8cm」の名称で扱っています。

乱丁・落丁本などの不良品がありましたら、小社製作部宛にお送りください。送料小社負担にておとりかえいたします。法律で認められた場合を除いて、本書からの複写・転載（電子化を含む）は禁じられています。また、代行業者等の第三者による電子データ化及び電子書籍化は、いかなる場合も認められておりません。(編集担当：角田)

Savory & Sweet Tiny Tarts
小さなごちそうタルト、おやつのタルト

2016年10月30日　第1刷発行

著者	若山曜子
発行者	中村 誠
印刷所	図書印刷株式会社
製本所	図書印刷株式会社
発行所	株式会社日本文芸社

〒101-8407　東京都千代田区神田神保町 1-7
TEL 03-3294-8931(営業) 03-3294-8920(編集)
Printed in Japan　112161021-112161021㉛01　ISBN978-4-537-21430-7
URL http://www.nihonbungeisha.co.jp/
©Yoko Wakayama 2016